MESTRE BBQ-SAUSER: EN SMAKSRIK GUIDE TIL HJEMMELAGDE KRYDDER

Fra klassiske syrlige herligheter til eksotiske globale infusjoner

Kristian Hagen

opphavsrett Material©2023

Alt Rettigheter Forbeholdt
Nei del av dette bok kan be brukt eller overført i noen form eller by noen midler uten de ordentlig skrevet samtykke fra _ utgivere ånd opphavsrett eier, bortsett fra til kort sitater brukt i en anmeldelse. Dette bok bør Merk be ansett en erstatning til medisinsk, juridisk eller annen pr av esjonell råd.

INNHOLDSFORTEGNELSE

INNHOLDSFORTEGNELSE..3
INTRODUKSJON..7
BBQ SAUS..8
1. Asiatisk grillsaus..9
2. B BQ Sweet&sur saus..11
3. Base for grilling av aprikos...13
4. Eple grillsaus..15
5. Cajun soppsaus..17
6. Gylden grillsaus...19
7. Teriyaki grillsaus...21
8. Barbecuesaus til alle formål...23
9. Eplesmør grillsaus...25
10. Grillsaus til fisk...27
11. Barbecuesaus til kylling...29
12. Grillsaus til pølser...31
13. Grillsaus til svinekjøtt..33
14. Barbecuesaus for røykere..35
15. Søt grillsaus...37
16. Tykk og robust grillsaus..39
17. Jalapeno Mayo Grillsaus...41
18. All-amerikansk BBQ-saus...43
19. Eple BBQ saus..45
20. BBQ mopp saus..47
21. BBQ saus med øl..49
22. Bombay Blend BBQ Saus...51
23. Cajun BBQ saus...53
24. California BBQ-saus..55
25. Tranebær Glaze BBQ Saus..57
26. Galliano BBQ saus...59
27. Jack Daniels BBQ-saus...61
28. Jamaicansk BBQ-saus...63
29. Kansas City-stil BBQ-saus...65

30. Koreansk BBQ-saus...67
VARM BBQ-SAUS..69
31. Varm BBQ- saus...70
32. Varm Georgia BBQ -saus...72
33. Varm krydret Texas BBQ- saus..74
34. Søt Habanero BBQ-saus..76
35. Varm Maple Barbecue Saus...78
36. Rødglødende grillsaus...80
37. Tabasco Island grillsaus..82
38. Habanero, tomatillo og appelsinsalsa................................84
39. Yucatan habanero saus...86
40. Mango-habanero saus...89
41. Fersken og plomme habanero salsa...................................91
42. Vin-Habanero saus..93
43. Rom habanero saus...95
44. Tabasco Pepper Smørsaus..97
45. Røykfylt Sriracha varm saus..99
46. Varmrøkt sennepssaus..101
BBQ GLASUR..103
47. BBQ saus glasur..104
48. Ananas chutney glasur...106
49. Honning sennep glasur..108
50. Krydret Chipotle-glasur...110
51. Maple-Bourbon glasur...112
52. Ananas Teriyaki glasur..114
53. Søt og Tangy BBQ Glaze..116
54. Smoky Maple Glaze..118
55. Brunt sukker og sennepsglasur......................................120
56. Asiatisk sesamglasur..122
57. Bringebær Chipotle glasur...124
BBQ BRINES...126
58. Achiote-lake og barbecuesaus...127
59. Teriyaki saltlake og saus..129
60. Ananas-soyalake til spareribs...131
61. Rødbønneostlake...133

62. Brisket saltlake...135
63. Rykk saltlake...137
64. Alaskan sjømatlake..139
65. Ancho chile og appelsinlake..141
66. Bourbon saltlake..144
67. Tranebærlake til svinekjøtt..146
68. Krabbeklo saltlake...148
69. Fajita saltlake..150
70. Koreansk sesamlake..152
71. Sitronrosmarinlake..154
72. Margarita saltlake..156
BBQ SALSA...158
73. Grillet ferskensalsa..159
74. Fersken og løk salsa..161
75. Grillet chilesalsa..163
76. Ancho chilesalsa..165
77. Aprikos-stekt peppersalsa..167
78. Arbol avokado salsa..169
79. Koriander salsa..171
80. Clear creek picante salsa...173
81. italiensk salsa..176
82. Jalapeno salsa..179
BBQ CHUTNEY..181
83. Fruktgrill chutney..182
84. Søt og sur papayachutney..184
85. Varm chutney..186
86. Eple- og sviskechutney...188
87. Carambola chutney...190
88. Fetter Ledas bananchutney...192
89. Tranebær-fiken chutney..194
90. Dadler og appelsinchutney...196
91. Frisk ananas chutney..198
92. Habanero eplechutney..200
93. Lime chutney..202
94. Lime-eple chutney..204

95. Nektarin chutney..206
96. Løkchutney..208
97. Rask ferskenchutney...210
98. Rabarbra Chutney..212
99. Røkt eplechutney..214
100. Zucchini chutney..216
KONKLUSJON..218

INTRODUKSJON

Velkommen til "MESTRE BBQ-SAUSER: A Flavorful Guide to Homemade Condiments." Denne kokeboken er inngangsporten til å lage appetittvekkende, hjemmelagde BBQ-sauser som vil løfte grillrettene dine til nye høyder. Enten du er en erfaren pitmaster eller en lidenskapelig hjemmekokk, vil denne samlingen av oppskrifter hjelpe deg med å mestre kunsten å lage deilige og unike BBQ-sauser.

I denne kokeboken vil vi utforske et bredt spekter av smaker, fra tidløse syrlige klassikere til eksotiske og globalt inspirerte kreasjoner. Du vil lære hemmelighetene bak den perfekte balansen mellom søte, røykfylte, krydrede og salte elementer som gjør hver BBQ-saus til en ekte kulinarisk nytelse. Med enkle å følge instruksjoner og tilgjengelige ingredienser, vil du kunne lage dine egne signatursauser som vil imponere familie og venner.

Så ta forkleet ditt, samle ingrediensene dine, og gjør deg klar til å begi oss ut på et smakfullt eventyr mens vi dykker inn i en verden av BBQ-sauser. Fra grilløkter i bakgården til spesielle anledninger, disse sausene vil ta rettene dine til neste nivå og la alle ønske mer.

BBQ SAUS

1. Asiatisk grillsaus

INGREDIENSER:
- 2 ss brunt sukker
- 2 ss rødvinseddik
- 1 kopp ketchup
- ½ til 1 ts kinesisk varm sennep
- 1 stort fedd hvitløk, finhakket
- 1 ss soyasaus
- 1 To 3 ts asiatisk chilipasta med hvitløk

BRUKSANVISNING:
Bland alle ingrediensene unntatt chilipasta i en liten kjele. Kok opp, og slå av varmen. Rør inn chilipasta.
Bruk: Pensle på kylling, biff eller svin mens du griller.

2.B BQ Sweet&sur saus

INGREDIENSER:
- ¼ kopp fløtesherry
- 3 ss honning
- ⅓ kopp soyasaus
- ½ ts fersk ingefærrot; revet
- 2 Hvitløk; presset
- 3 ss eddik

BRUKSANVISNING:
Bland honning inn i sherry til en jevn jevn, tilsett soyasaus Press hvitløk og tilsett blandingen Riv ingefærrot og rør.

3. Base for grilling av aprikos

INGREDIENSER:

- 16 gram aprikoshalvdeler
- ½ kopp hakket løk
- 2 fedd hvitløk, finhakket
- ½ spiseskje vegetabilsk olje
- ½ ts salt
- ¼ teskje pepper

BRUKSANVISNING:

For å lage grillsausbunnen, puré aprikoshalvdelene med væsken i en mikser eller foodprosessor; reserver,
Fres løk og hvitløk i olje til det er gjennomsiktig,
Rør inn reservert aprikospuré.

4. Eple grillsaus

INGREDIENSER:
- 1 kopp Catsup
- ¼ kopp eplejuice/cider
- ¼ kopp eplecidereddik
- ¼ kopp soyasaus
- ¾ teskje hvitløkspulver
- ¾ ts hvit pepper
- ⅓ kopp revet, skrelt eple
- ¼ kopp revet løk
- 2 ts revet grønn pepper

BRUKSANVISNING:
Bland alle ingrediensene.

5. Cajun soppsaus

INGREDIENSER:
- 3 ss smør
- 1½ kopper sopp; tynt segmentert
- 2 ss Mel
- ½ kopp krem
- ½ kopp kyllingbuljong
- ¼ ts hvitløkspulver
- ¼ ts hvit pepper
- ½ kopp Picante saus
- 2 ss svertet fiskekrydder

BRUKSANVISNING:
Smelt smør i en panne og surr sopp, sett til side . I en moderat kasserolle smelter du to ts smør og rører inn melet til det er oppløst

Tilsett kyllingkraft, fløte, hvitløk og pepper, rør hele tiden og kok opp til sausen tykner. Ikke kok.

Når den er tyknet, reduser varmen, dekk til med lokk og kok i 2 minutter til

Tilsett picantesaus, svertende krydder og svidd sopp, varm gjennom . Hold varm til den skal serveres

Server over grillet eller grillet fisk

6. Gylden grillsaus

INGREDIENSER:
- ¼ kopp sukker
- 2 ss maisstivelse
- ½ ts allehånde
- ½ ts malt nellik
- 1 kopp fersk appelsinjuice
- 2 ss eddik
- 4 ss smør

BRUKSANVISNING:
Bland sukker, maizena, allehånde og nellik i en liten kjele. Rør sakte inn appelsinjuice og eddik. Rør hele tiden over moderat varme til sausen tykner. Kok i tre minutter. Rør inn smør.

7.Teriyaki grillsaus

INGREDIENSER:
- ⅔ kopp soyasaus
- 1 ts hvitløk, finhakket
- 2 ss tørr, malt sennep
- 2 ts malt ingefær
- 2 ss løk, finhakket
- 4 ss melasse
- ⅓ kopp olivenolje

BRUKSANVISNING:
Legg soya i en liten form. Visp inn malt sennep, ingefær, hvitløk og løk.

Tilsett melasse og rør godt. Tilsett til slutt olivenolje bland godt, og legg umiddelbart en fraksjon i bunnen av en marineringspanne. Tilsett kjøtt. Dekk med lokk med gjenværende saltlake.

8. Barbecuesaus til alle formål

INGREDIENSER:
- ¼ kopp salatolje
- 2 ss soyasaus
- ¼ kopp bourbon, sherry eller vin
- 1 ts hvitløkspulver
- Nykvernet pepper

BRUKSANVISNING:
Bland alle ingrediensene og hell over kjøtt Mariner i kjøleskap Bruk også til å tråkle kjøtt mens du koker det Godt på rødt kjøtt, fisk eller kylling.

9.Eplesmør grillsaus

INGREDIENSER:
- 1 boks tomatsaus
- ½ kopp eplesmør
- 1 ss Worcestershire saus

BRUKSANVISNING:
Bland alt sammen.

10. Grillsaus til fisk

INGREDIENSER:
- 1 tykt sitronsegment
- 1 løk; segmentert
- $\frac{1}{4}$ kopp hvit eddik
- $1\frac{1}{2}$ ts salt
- 1 ss Ferdig sennep
- $\frac{1}{4}$ teskje pepper
- 2 ss sukker
- $\frac{1}{4}$ teskje Cayennepepper (rød).
- 2 ss smør
- $\frac{1}{2}$ kopp Catsup
- 2 ss Worcestershire saus
- 1 ts Flytende røyk

BRUKSANVISNING:
Bland de første 9 ingrediensene , la det småkoke i 20 minutter og tilsett deretter de resterende ingrediensene. Ta ut sitronsegment, baste av fisk og grillmat.

1. Barbecuesaus til kylling

INGREDIENSER:

- 1 kopp vann
- ½ kopp olje, salat
- ½ kopp sitronsaft
- 1 ts varm saus
- 1 ts salt
- Pepper; to nøkler
- Løksalt; valgfritt
- Hvitløksalt; valgfritt
- 1 ss Worcestershire saus

BRUKSANVISNING:

Bland alle ingrediensene, kok over moderat varme til sausen koker Hold sausen varm, pensle på kylling av og til mens du griller.

2.Grillsaus til pølser

INGREDIENSER:

- 7¾ unse Junior Peach Cobbler; 1 krukke
- ⅓ kopp Catsup
- ⅓ kopp eddik
- ⅓ kopp brunt sukker; pakket
- 1 hver fedd hvitløk; finhakket
- 1 ss Worcestershiresaus
- ½ ts ingefær; malt
- ¼ teskje Mace; Malt
- 1 ts Løksalt

BRUKSANVISNING:

a) Bland alle ingrediensene grundig Kjern pølsene diagonalt på tre sider Grill tråkle med sausen ca tre ganger mens de koker

b) Du kan også bruke dette på svinekjøtt eller kylling eller den oppvarmede sausen i en gnagskål med segmenterte pølser.

'

3.Grillsaus til svinekjøtt

INGREDIENSER:
- ½ kopp soyasaus
- ½ kopp lønnesirup
- ¼ kopp Colemans sennep

BRUKSANVISNING:
a) Bland alt sammen.

4. Barbecuesaus for røykere

INGREDIENSER:

- 1 hver 10 oz boks tomatsuppe
- ¼ kopp søt sylteagurk velsmak
- 1 ss Worcestershire saus
- ¼ kopp løk, finhakket
- 1 ss eddik
- 1 ss brunt sukker

BRUKSANVISNING:

Bland alle ingrediensene og hell over 1 pund smokies og la det småkoke i en vannkoker. Du kan bruke 1 pund pølser kuttet i biter i stedet for smokies

5. Søt grillsaus

INGREDIENSER:

- ⅔ kopp maissirup (mørk)
- ¼ kopp kremet peanøttsmør
- ¼ kopp soyasaus
- ¼ kopp cidereddik
- ¼ kopp Segmentert grønn løk
- 1 hver hvitløk, fedd
- 1 ts ingefær
- ½ ts knust tørket rød pepper

BRUKSANVISNING:

Bland grundig og la smakene blande seg i minst en time.

6. Tykk og robust grillsaus

INGREDIENSER:

- ¾ kopp cidereddik
- ½ kopp Catsup
- ¼ kopp chilisaus
- ¼ kopp Worcestershire saus
- 2 ss løk i terninger
- 1 ss brunt sukker
- 1 ss sitronsaft
- ½ ts tørr sennep
- 1 dl kvernet rød pepper
- 1 fedd hvitløk; finhakket

BRUKSANVISNING:

Bland alle ingrediensene i en kjele, kok opp på moderat varme, rør av og til Reduser varmen og la det småkoke, avdekk med lokk , rør av og til i 40 minutter.

Fordel saus i separate beholdere for tråkling og porsjon ved bordet. Bruk som tråklesaus i løpet av de siste 10 minuttene av steketiden for biff, svinekjøtt eller burgere. Avkjøl eventuelt rester av tråklesaus, og kast eventuelt gjenværende tørresaus.

7.Jalapeno Mayo Grillsaus

INGREDIENSER:

- 8 kopper majones
- 1 kopp Jalapeno
- 1 kopp grønn løk
- 1 ss sellerifrø
- 1 ts tørr sennep
- $\frac{1}{8}$ ss Cayennepepper

BRUKSANVISNING:

Pure jalapenos og løk i mikser eller foodprosessor. Ha blandingen i mikserformen. Tilsett de resterende ingrediensene og kjør på lav hastighet i 5 minutter.

8. All-amerikansk BBQ-saus

INGREDIENSER:

- 2 kopper ketchup
- 1/2 kopp brunt sukker
- 1/4 kopp eplecidereddik
- 2 ss Worcestershire saus
- 2 ss melasse
- 1 ss dijonsennep
- 1 ts hvitløkspulver
- 1 ts løkpulver
- 1/2 ts røkt paprika
- 1/2 ts sort pepper
- 1/4 ts kajennepepper (valgfritt for varme)

BRUKSANVISNING:

Kombiner alle ingrediensene i en middels kjele.

Visp sammen på middels varme til sausen koker opp.

Reduser varmen til lav og la sausen småkoke i ca 15-20 minutter, rør av og til.

Fjern fra varmen og la den avkjøles. Sausen vil tykne etter hvert som den avkjøles.

Bruk sausen som marinade eller pensle den på grillet kjøtt under tilberedningen.

9. Eple BBQ saus

INGREDIENSER:
- 2 kopper eplemos
- 1/2 kopp ketchup
- 1/4 kopp eplecidereddik
- 2 ss brunt sukker
- 2 ss honning
- 2 ss dijonsennep
- 1 ss Worcestershire saus
- 1 ts røkt paprika
- 1/2 ts hvitløkspulver
- 1/2 ts løkpulver
- 1/2 ts kanel
- 1/4 ts kajennepepper (valgfritt for varme)

BRUKSANVISNING:
a) I en kjele, kombinere alle ingrediensene og visp sammen til det er godt blandet.
b) Sett kjelen på middels varme og la blandingen koke opp.
c) Reduser varmen til lav og la sausen småkoke i ca 15 minutter, rør av og til.
d) Fjern fra varmen og la den avkjøles før bruk.
e) Denne sausen passer godt til svinekjøtt og kylling.

10. BBQ mopp saus

INGREDIENSER:

1 kopp eplecidereddik
1 kopp vann
1/2 kopp vegetabilsk olje
1/4 kopp Worcestershire saus
2 ss brunt sukker
1 ss paprika
1 ss salt
1 ss sort pepper
1 ts hvitløkspulver
1 ts løkpulver

BRUKSANVISNING:

I en bolle, kombinere alle ingrediensene og visp sammen til det er godt blandet.

Bruk en moppbørste eller en tråklebørste til å påføre sausen på kjøttet mens du griller eller røyker.

Fortsett å tørke sausen på kjøttet hvert 30. minutt eller så under tilberedningsprosessen for å holde det fuktig og tilføre smak.

1.BBQ saus med øl

INGREDIENSER:

1 kopp ketchup
1/2 kopp øl (velg din favoritttype)
1/4 kopp eplecidereddik
2 ss brunt sukker
2 ss melasse
2 ss dijonsennep
1 ss Worcestershire saus
1 ts røkt paprika
1/2 ts hvitløkspulver
1/2 ts løkpulver
1/2 ts sort pepper
1/4 ts kajennepepper (valgfritt for varme)

BRUKSANVISNING:

Kombiner alle ingrediensene i en kjele og visp sammen til det er godt blandet.
Sett kjelen på middels varme og la blandingen koke opp.
Reduser varmen til lav og la sausen småkoke i ca 15 minutter, rør av og til.
Fjern fra varmen og la den avkjøles før bruk.
Ølet tilfører dybde og rikdom til smaken av sausen.

2.Bombay Blend BBQ Saus

INGREDIENSER:

1 kopp ketchup
1/4 kopp brunt sukker
1/4 kopp eplecidereddik
2 ss Worcestershire saus
1 ss soyasaus
1 ss karripulver
1 ss garam masala
1 ts malt spisskummen
1 ts malt koriander
1/2 ts hvitløkspulver
1/2 ts løkpulver
1/4 ts kajennepepper (valgfritt for varme)

BRUKSANVISNING:

I en kjele, kombinere alle ingrediensene og visp sammen til det er godt blandet.
Sett kjelen på middels varme og la blandingen koke opp.
Reduser varmen til lav og la sausen småkoke i ca 15 minutter, rør av og til.
Fjern fra varmen og la den avkjøles før bruk.
Denne sausen gir en unik indisk-inspirert vri til grillrettene dine.

3.Cajun BBQ saus

INGREDIENSER:
1 kopp ketchup
1/4 kopp eplecidereddik
2 ss Worcestershire saus
2 ss brunt sukker
1 ss dijonsennep
1 ss Cajun-krydder
1 ts hvitløkspulver
1 ts løkpulver
1/2 ts sort pepper
1/4 ts kajennepepper (juster etter smak for varme)

BRUKSANVISNING:
Kombiner alle ingrediensene i en kjele og visp sammen til det er godt blandet.
Sett kjelen på middels varme og la blandingen koke opp.
Reduser varmen til lav og la sausen småkoke i ca 15 minutter, rør av og til.
Fjern fra varmen og la den avkjøles før bruk.
Denne krydrede og smakfulle sausen er perfekt til grillet eller røkt kjøtt.

4.California BBQ-saus

INGREDIENSER:
1 kopp ketchup
1/4 kopp eplecidereddik
2 ss brunt sukker
2 ss honning
2 ss dijonsennep
1 ss Worcestershire saus
1 ts hvitløkspulver
1 ts løkpulver
1/2 ts røkt paprika
1/2 ts sort pepper
1/4 ts kajennepepper (valgfritt for varme)

BRUKSANVISNING:
I en kjele, kombinere alle ingrediensene og visp sammen til det er godt blandet.
Sett kjelen på middels varme og la blandingen koke opp.
Reduser varmen til lav og la sausen småkoke i ca 15 minutter, rør av og til.
Fjern fra varmen og la den avkjøles før bruk.
Denne sausen tilbyr en balanse mellom søte og syrlige smaker, perfekt for grilling i California-stil.

5. Tranebær Glaze BBQ Saus

INGREDIENSER:
1 kopp tranebærsaus (hele bær eller gelé)
1/2 kopp ketchup
1/4 kopp eplecidereddik
2 ss brunt sukker
2 ss honning
2 ss dijonsennep
1 ss Worcestershire saus
1 ts hvitløkspulver
1/2 ts løkpulver
1/2 ts sort pepper
1/4 ts kajennepepper (valgfritt for varme)

BRUKSANVISNING:
Kombiner alle ingrediensene i en kjele og visp sammen til det er godt blandet.
Sett kjelen på middels varme og la blandingen koke opp.
Reduser varmen til lav og la sausen småkoke i ca 10 minutter, rør av og til.
Fjern fra varmen og la den avkjøles før bruk.
Denne syrlige og litt søte sausen passer godt til fjærfe, spesielt kalkun eller kylling.

6.Galliano BBQ saus

INGREDIENSER:

1 kopp ketchup
1/4 kopp Galliano likør
2 ss eplecidereddik
2 ss brunt sukker
1 ss Worcestershire saus
1 ss dijonsennep
1 ts hvitløkspulver
1 ts løkpulver
1/2 ts sort pepper
1/4 ts kajennepepper (valgfritt for varme)

BRUKSANVISNING:

I en kjele, kombinere alle ingrediensene og visp sammen til det er godt blandet.
Sett kjelen på middels varme og la blandingen koke opp.
Reduser varmen til lav og la sausen småkoke i ca 15 minutter, rør av og til.
Fjern fra varmen og la den avkjøles før bruk.
Galliano-likøren tilfører en unik urte- og anismak til BBQ-sausen.

7. Jack Daniels BBQ-saus

INGREDIENSER:

1 kopp ketchup
1/2 kopp Jack Daniels whisky
1/4 kopp eplecidereddik
2 ss brunt sukker
2 ss melasse
2 ss dijonsennep
1 ss Worcestershire saus
1 ts hvitløkspulver
1 ts løkpulver
1/2 ts sort pepper
1/4 ts kajennepepper (valgfritt for varme)

BRUKSANVISNING:

Kombiner alle ingrediensene i en kjele og visp sammen til det er godt blandet.
Sett kjelen på middels varme og la blandingen koke opp.
Reduser varmen til lav og la sausen småkoke i ca 15 minutter, rør av og til.
Fjern fra varmen og la den avkjøles før bruk.
Jack Daniel's whisky gir en rik og røykfylt smak til BBQ-sausen.

8. Jamaicansk BBQ-saus

INGREDIENSER:
1 kopp ketchup
1/4 kopp ananasjuice
2 ss brunt sukker
2 ss soyasaus
2 ss limejuice
1 ss Worcestershire saus
1 ss Jamaican jerk krydder
1 ts hvitløkspulver
1 ts løkpulver
1/2 ts sort pepper
1/4 ts kajennepepper (juster etter smak for varme)

BRUKSANVISNING:
I en kjele, kombinere alle ingrediensene og visp sammen til det er godt blandet.
Sett kjelen på middels varme og la blandingen koke opp.
Reduser varmen til lav og la sausen småkoke i ca 15 minutter, rør av og til.
Fjern fra varmen og la den avkjøles før bruk.
Denne sausen kombinerer søte, syrlige og krydrede smaker med jamaicansk dustkrydder for en karibisk vri.

9. Kansas City-stil BBQ-saus

INGREDIENSER:
2 kopper ketchup
1/2 kopp eplecidereddik
1/4 kopp brunt sukker
2 ss melasse
2 ss Worcestershire saus
1 ss dijonsennep
1 ss chilipulver
1 ts hvitløkspulver
1 ts løkpulver
1/2 ts sort pepper
1/4 ts kajennepepper (valgfritt for varme)

BRUKSANVISNING:
Kombiner alle ingrediensene i en kjele og visp sammen til det er godt blandet.
Sett kjelen på middels varme og la blandingen koke opp.
Reduser varmen til lav og la sausen småkoke i ca 20 minutter, rør av og til.
Fjern fra varmen og la den avkjøles før bruk.
Denne sausen er en klassisk BBQ-saus i Kansas City-stil, med en balanse mellom søte, syrlige og røykfylte smaker.

0. Koreansk BBQ-saus

INGREDIENSER:

1/2 kopp soyasaus
1/4 kopp brunt sukker
1/4 kopp riseddik
2 ss sesamolje
2 ss koreansk chilipasta (gochujang)
2 ss honning
1 ss revet ingefær
2 fedd hvitløk, finhakket
1/2 ts sort pepper
1/4 ts røde pepperflak (valgfritt for varme)

BRUKSANVISNING:

I en bolle, kombinere alle ingrediensene og visp sammen til det er godt blandet.

La sausen stå i minst 15 minutter for å la smakene smelte sammen.

Denne sausen er perfekt for marinering av kjøtt, grilling eller som en dippesaus til koreansk BBQ.

Nyt ditt utvalg av BBQ-sauser, og få en deilig grillopplevelse!

VARM BBQ-SAUS

31. Varm BBQ- saus

INGREDIENSER:
1 kopp ketchup
1/4 kopp brunt sukker
2 ss varm saus etter eget valg
2 ss eplecidereddik
1 ss Worcestershire saus
1 ts røkt paprika
1/2 ts hvitløkspulver
1/2 ts løkpulver
1/4 ts kajennepepper (valgfritt for ekstra varme)

BRUKSANVISNING:
Kombiner alle ingrediensene i en kjele og visp til det er godt blandet.
Varm sausen over middels varme, rør av og til, til den koker opp.
Reduser varmen til lav og la sausen småkoke i ca 10 minutter for å la smakene smelte sammen.
Fjern fra varmen og la sausen avkjøles.
Ha sausen over i en krukke eller lufttett beholder og avkjøl.

32. Varm Georgia BBQ-saus

INGREDIENSER:

1 kopp ketchup
1/4 kopp eplecidereddik
2 ss melasse
2 ss varm saus etter eget valg
1 ss dijonsennep
1 ss Worcestershire saus
1 ts røkt paprika
1/2 ts hvitløkspulver
1/2 ts løkpulver
1/4 ts kajennepepper (valgfritt for ekstra varme)

BRUKSANVISNING:

Kombiner alle ingrediensene i en kjele og visp til det er godt blandet.
Varm sausen over middels varme, rør av og til, til den koker opp.
Reduser varmen til lav og la sausen småkoke i ca 10 minutter for å la smakene smelte sammen.
Fjern fra varmen og la sausen avkjøles.
Ha sausen over i en krukke eller lufttett beholder og avkjøl.

33. Varm krydret Texas BBQ- saus

INGREDIENSER:
1 kopp ketchup
1/4 kopp eplecidereddik
2 ss varm saus etter eget valg
2 ss Worcestershire saus
1 ss melasse
1 ss brunt sukker
1 ts røkt paprika
1/2 ts hvitløkspulver
1/2 ts løkpulver
1/4 ts kajennepepper (valgfritt for ekstra varme)

BRUKSANVISNING:
Kombiner alle ingrediensene i en kjele og visp til det er godt blandet.
Varm sausen over middels varme, rør av og til, til den koker opp.
Reduser varmen til lav og la sausen småkoke i ca 10 minutter for å la smakene smelte sammen.
Fjern fra varmen og la sausen avkjøles.
Ha sausen over i en krukke eller lufttett beholder og avkjøl.

34. Søt Habanero BBQ-saus

INGREDIENSER:

8 habanero-pepper (frø og stilker fjernet)
4 fedd hvitløk
1 kopp ketchup
1/4 kopp melasse
2 ss hvit eddik
2 ss brunt sukker
1 ss Worcestershire saus
1 ts røkt paprika
1/2 ts salt

BRUKSANVISNING:

Kombiner habanero-pepper, hvitløk, ketchup, melasse, eddik, brunt sukker, Worcestershire-saus, røkt paprika og salt i en blender eller foodprosessor. Bland til jevn.
Hell blandingen i en kjele og la den koke på middels varme. Reduser varmen til lav og la sausen småkoke i ca 10-15 minutter, rør av og til.
Fjern fra varmen og la sausen avkjøles helt. Ha det over i en krukke eller flaske og oppbevar i kjøleskapet.

35. Varm Maple Barbecue Saus

INGREDIENSER:
1 kopp ketchup
1/4 kopp lønnesirup
2 ss varm saus etter eget valg
2 ss eplecidereddik
1 ss dijonsennep
1 ss Worcestershire saus
1 ts røkt paprika
1/2 ts hvitløkspulver
1/2 ts løkpulver
1/4 ts kajennepepper (valgfritt for ekstra varme)

BRUKSANVISNING:
Kombiner alle ingrediensene i en kjele og visp til det er godt blandet.
Varm sausen over middels varme, rør av og til, til den koker opp.
Reduser varmen til lav og la sausen småkoke i ca 10 minutter for å la smakene smelte sammen.
Fjern fra varmen og la sausen avkjøles.
Ha sausen over i en krukke eller lufttett beholder og avkjøl.

36. Rødglødende grillsaus

INGREDIENSER:
1 kopp ketchup
1/4 kopp eplecidereddik
2 ss varm saus etter eget valg
2 ss Worcestershire saus
2 ss brunt sukker
1 ss dijonsennep
1 ts røkt paprika
1/2 ts hvitløkspulver
1/2 ts løkpulver
1/4 ts kajennepepper (valgfritt for ekstra varme)

BRUKSANVISNING:
Kombiner alle ingrediensene i en kjele og visp til det er godt blandet.
Varm sausen over middels varme, rør av og til, til den koker opp.
Reduser varmen til lav og la sausen småkoke i ca 10 minutter for å la smakene smelte sammen.
Fjern fra varmen og la sausen avkjøles.
Ha sausen over i en krukke eller lufttett beholder og avkjøl.

37. Tabasco Island grillsaus

INGREDIENSER:
1 kopp ketchup
1/4 kopp eplecidereddik
2 ss Tabasco saus
2 ss honning
1 ss soyasaus
1 ss dijonsennep
1 ts hvitløkspulver
1/2 ts løkpulver
1/4 ts sort pepper

BRUKSANVISNING:
Kombiner alle ingrediensene i en kjele og visp til det er godt blandet.
Varm sausen over middels varme, rør av og til, til den koker opp.
Reduser varmen til lav og la sausen småkoke i ca 10 minutter for å la smakene smelte sammen.
Fjern fra varmen og la sausen avkjøles.
Ha sausen over i en krukke eller lufttett beholder og avkjøl.

38. Habanero, tomatillo og appelsinsalsa

INGREDIENSER:
4 tomatillos, avskallet og skylt
2 habanero paprika, stilker og frø fjernet
1 liten rødløk, i terninger
1 fedd hvitløk, finhakket
Saft av 1 appelsin
Saft av 1 lime
1 ss olivenolje
1 ss hakket fersk koriander
Salt to nøkler

BRUKSANVISNING:
Forvarm broileren til høy. Legg tomatillosene på en bakeplate og stek i 5-7 minutter, til de er litt forkullet og mykne.
Ta tomatilloene ut av ovnen og la dem avkjøles litt.
Kombiner stekte tomatillos, habanero-pepper, rødløk, hvitløk, appelsinjuice, limejuice, olivenolje og koriander i en blender eller foodprosessor.
Bland til du får en jevn konsistens. Hvis du foretrekker en tykkere salsa, pulser ingrediensene i stedet for å blande kontinuerlig.
Smak på salsaen og smak til med salt etter eget ønske. Juster mengden habanero-pepper basert på ønsket kryddernivå.
Overfør salsaen til en serveringsbolle og la den stå i romtemperatur i ca 30 minutter for å la smakene smelte sammen.
Server habanero-, tomatillo- og appelsinsalsaen med tortillachips, taco, grillet kjøtt eller hvilken som helst rett du ønsker.

39. Yucatan habanero saus

INGREDIENSER:
6 habanero paprika, stilker og frø fjernet
2 fedd hvitløk
1/2 liten rødløk, hakket
Saft av 2 appelsiner
Saft av 1 lime
2 ss hvit eddik
1 ss olivenolje
1 ts tørket oregano
Salt to nøkler

BRUKSANVISNING:
I en blender eller foodprosessor kombinerer du habanero-pepper, hvitløk, rødløk, appelsinjuice, limejuice, hvit eddik, olivenolje, tørket oregano og en klype salt.
Bland til du får en jevn konsistens. Hvis blandingen er for tykk, kan du tilsette litt vann for å oppnå ønsket konsistens.
Smak på sausen og juster krydderet ved å tilsette mer salt om nødvendig.
Overfør Yucatan habanero-sausen til en krukke eller flaske med tettsittende lokk.
La sausen stå i romtemperatur i minst 1 time for å la smakene utvikle seg og smelte sammen.
Etter hvile, avkjøl sausen i noen timer eller over natten for å forsterke smakene ytterligere.
Server Yucatan habanero-sausen som et krydret krydder sammen med grillet kjøtt, taco, quesadillas eller en annen rett som kan trenge et krydret kick.
Husk at habanero-pepper er ekstremt krydret, så håndter dem med forsiktighet og vurder å bruke hansker mens du

tilbereder dem. Start med en liten mengde habanero pepper og juster mengden basert på din kryddertoleranse. Nyt de brennende smakene av Yucatan habanero-saus!

Mango-habanero saus

INGREDIENSER:

2 modne mangoer, skrelt og i terninger
2 habanero paprika, stilker og frø fjernet
1/4 kopp hvit eddik
2 ss limejuice
2 ss honning eller sukker
1 fedd hvitløk, finhakket
1/2 ts salt

BRUKSANVISNING:

I en blender eller foodprosessor, kombiner mango i terninger, habanero-pepper, hvit eddik, limejuice, honning eller sukker, hakket hvitløk og salt.
Bland til du oppnår en jevn og jevn konsistens. Om ønskelig kan du la sausen være litt tykk for ekstra tekstur.
Smak på sausen og juster sødme og varmenivå ved å tilsette mer honning eller sukker for sødme eller ekstra habanero pepper for mer varme.
Hell sausen i en kjele og varm opp på middels lav varme i ca. 5 minutter, rør av og til for å la smakene smelte sammen.
Fjern fra varmen og la mango-habanero-sausen avkjøles helt.
Ha sausen over i en krukke eller flaske med tettsittende lokk.
Sett sausen i kjøleskap i minst 1 time for å la smakene utvikle seg videre før bruk.
Server mango-habanero-sausen som en dipsaus, glasur eller krydder til grillet kjøtt, sjømat, taco, smørbrød eller en hvilken som helst rett som kan bruke et søtt og krydret kick.

1. Fersken og plomme habanero salsa

INGREDIENSER:
2 ferskener, skrelt og i terninger
2 plommer, skrelt og i terninger
2 habanero paprika, stilker og frø fjernet, finhakket
1/2 rødløk, finhakket
1/4 kopp frisk koriander, hakket
Saft av 1 lime
1 ss hvit eddik
1 ss honning eller sukker (valgfritt, for sødme)
Salt to nøkler

BRUKSANVISNING:
I en bolle, kombinere terninger av fersken, plommer, hakkede habanero-pepper, rødløk og koriander.
Tilsett limejuice og hvit eddik i bollen og bland godt.
Hvis du foretrekker en søtere salsa, kan du tilsette honning eller sukker og blande til det er oppløst.
Smak til med salt etter smak og juster mengden habanero-pepper basert på ønsket krydret nivå.
La salsaen stå i romtemperatur i ca 15-30 minutter for å la smakene smelte sammen.
Smak på salsaen og juster krydderet om nødvendig.
Server fersken- og plomme habanero-salsaen med tortillachips, grillet kjøtt, fisk, taco eller en annen rett som kan bruke en fruktig og krydret salsa.
Eventuell rest av salsa kan oppbevares i en forseglet beholder i kjøleskapet i opptil 3-4 dager.
Nyt den søte og syrlige kombinasjonen av fersken og plommer med det brennende sparket til habanero-pepper i denne deilige salsaen!

2.Vin-Habanero saus

INGREDIENSER:

4 habanero paprika, stilker og frø fjernet, finhakket
1 kopp rødvin (som Cabernet Sauvignon eller Merlot)
1/2 kopp destillert hvit eddik
1/4 kopp honning eller sukker
2 fedd hvitløk, finhakket
1 ts salt
1 ss maisstivelse (valgfritt, for jevning)

BRUKSANVISNING:

Kombiner habanero-pepper, rødvin, hvit eddik, honning eller sukker, hakket hvitløk og salt i en kjele.
Kok opp blandingen på middels varme. Når det koker, reduser varmen til lav og la det småkoke i ca 15 minutter, rør av og til.
Hvis du foretrekker en tykkere saus, løs opp maisstivelse i en liten mengde kaldt vann for å lage en slurry. Rør slurryen inn i sausen og fortsett å småkoke i ytterligere 5 minutter til sausen tykner litt.
Fjern kasserollen fra varmen og la vin-habanero-sausen avkjøles helt.
Ha sausen over i en krukke eller flaske og oppbevar den i kjøleskapet.
La smakene smelte sammen i minst 1-2 dager før bruk for best resultat.
Server vin-habanero-sausen som et krydder eller glasur til grillet kjøtt, fjærfe, sjømat eller stekte grønnsaker.

3. Rom habanero saus

INGREDIENSER:

4 habanero paprika, stilker og frø fjernet, finhakket
1/2 kopp rom (mørk eller krydret)
1/4 kopp destillert hvit eddik
1/4 kopp limejuice
2 ss honning eller sukker
2 fedd hvitløk, finhakket
1 ts salt

BRUKSANVISNING:

Kombiner habanero-pepper, rom, hvit eddik, limejuice, honning eller sukker, hakket hvitløk og salt i en kjele.
Kok opp blandingen på middels varme. Når det koker, reduser varmen til lav og la det småkoke i ca 10 minutter, rør av og til.
Fjern kasserollen fra varmen og la rom-habanero-sausen avkjøles i noen minutter.
Ha sausen over i en blender eller foodprosessor og kjør til den er jevn.
La sausen avkjøles helt.
Hell sausen i en krukke eller flaske og oppbevar den i kjøleskapet.
La smakene smelte sammen i minst 1-2 dager før bruk for best resultat.
Server rom-habanero-sausen som et krydder eller glasur til grillet kjøtt, sjømat, eller som en dipsaus til forretter.

4. Tabasco Pepper Smørsaus

INGREDIENSER:
1/2 kopp usaltet smør, smeltet
2 ss Tabasco saus
1 ss sitronsaft
1/4 ts salt

BRUKSANVISNING:
I en liten bolle, visp sammen smeltet smør, Tabasco-saus, sitronsaft og salt til det er godt kombinert.
Ha sausen over i et serveringsfat og avkjøl til smøret stivner litt.
Server sausen som dip til sjømat, grillet kjøtt eller grønnsaker.

5. Røykfylt Sriracha varm saus

INGREDIENSER:
1 kopp rød chilipepper (fjernet og hakket)
4 fedd hvitløk (hakket)
1/4 kopp destillert eddik
2 ss røkt paprika
1 ss sukker
1 ss salt

BRUKSANVISNING:
Bland chilipepper, hvitløk, eddik, røkt paprika, sukker og salt i en foodprosessor til en jevn masse.
Hell blandingen i en kjele og la det småkoke på lav varme i 15-20 minutter, rør av og til.
La sausen avkjøles helt, overfør den deretter til en krukke eller flaske og oppbevar den i kjøleskapet.

6.Varmrøkt sennepssaus

INGREDIENSER:

1/2 kopp gul sennep
2 ss varm saus etter eget valg
2 ss honning
1 ss eplecidereddik
1 ts røkt paprika
1/2 ts hvitløkspulver
1/2 ts løkpulver
1/4 ts sort pepper

BRUKSANVISNING:

I en bolle kombinerer du den gule sennep, varm saus, honning, eplecidereddik, røkt paprika, hvitløkspulver, løkpulver og sort pepper.
Rør godt for å kombinere.
Smak til og juster krydderet om ønskelig.
Ha sausen over i en krukke eller lufttett beholder og avkjøl.

BBQ GLASUR

47. BBQ saus glasur

INGREDIENSER:

- 1½ ss svinekjøtt
- ½ gallon ketchup
- ¼ kopp eddik
- ½ kopp sukker
- ½57 saus
- ½ spiseskje svart pepper
- 2 ss rød pepper
- 1 ss hvitløkssalt
- ¼ kopp chilipulver
- ¼ kopp Worcestershire saus

BRUKSANVISNING:

Bland alle ingrediensene og la det småkoke til det er tykt. Bruk øl til å tynne før bruk .

48. Ananas chutney glasur

INGREDIENSER:

- 1 hver knust ananas, 20 gram kan
- ½ kopp chutney, oppskåret
- 2 ss brunt sukker
- 2 ss smør
- 1 ts salt
- 1 ts ingefær, malt

BRUKSANVISNING:

Bland alle ingrediensene i en kjele. Kok opp, reduser varmen og la det småkoke i 15 minutter. Bruk til å tråkle lam, svin eller skinke siste 15 minutter av grillingen. Pass på resten.

49. Honning sennep glasur

INGREDIENSER:

1/2 kopp dijonsennep
1/4 kopp honning
2 ss eplecidereddik
1 ss soyasaus
1 ts hvitløkspulver
1/2 ts løkpulver
Salt og pepper etter smak

BRUKSANVISNING:

I en bolle, visp sammen dijonsennep, honning, eplecidereddik, soyasaus, hvitløkspulver, løkpulver, salt og pepper til det er godt kombinert.

Pensle glasuren på kjøttet de siste 10 minuttene av grillingen, la det karamellisere litt.

50. Krydret Chipotle-glasur

INGREDIENSER:
1 kopp ketchup
1/4 kopp brunt sukker
2 ss chipotle i adobo saus (finhakket)
2 ss eplecidereddik
1 ss Worcestershire saus
1 ts hvitløkspulver
1 ts røkt paprika
1/2 ts kajennepepper
Salt og pepper etter smak

BRUKSANVISNING:
Kombiner ketchup, brunt sukker, chipotle i adobosaus, eplecidereddik, Worcestershiresaus, hvitløkspulver, røkt paprika, kajennepepper, salt og pepper i en kjele.

Visp ingrediensene sammen og la blandingen småkoke på middels varme.

Reduser varmen til lav og la glasuren småkoke i ca 10-15 minutter, rør av og til, til den tykner.

Fjern fra varmen og la den avkjøles. Glasuren er nå klar til bruk.

51. Maple-Bourbon glasur

INGREDIENSER:
1/2 kopp lønnesirup
1/4 kopp bourbon
2 ss dijonsennep
2 ss soyasaus
1 ss eplecidereddik
1 ts hvitløkspulver
1/2 ts røkt paprika
Salt og pepper etter smak

BRUKSANVISNING:
I en bolle, visp sammen lønnesirup, bourbon, dijonsennep, soyasaus, eplecidereddik, hvitløkspulver, røkt paprika, salt og pepper til det er godt kombinert.
Pensle glasuren på kjøttet de siste 10 minuttene av grillingen, la det karamellisere litt.

52. Ananas Teriyaki glasur

INGREDIENSER:
1 kopp ananasjuice
1/4 kopp soyasaus
2 ss brunt sukker
2 ss honning
2 ss riseddik
1 ts hvitløkspulver
1/2 ts ingefærpulver
Salt og pepper etter smak

BRUKSANVISNING:
Kombiner ananasjuice, soyasaus, brunt sukker, honning, riseddik, hvitløkspulver, ingefærpulver, salt og pepper i en kjele.

Visp ingrediensene sammen og la blandingen koke opp på middels varme.

Reduser varmen til lav og la glasuren småkoke i ca 10-15 minutter, rør av og til, til den tykner.

Fjern fra varmen og la den avkjøles. Glasuren er nå klar til bruk.

53. Søt og Tangy BBQ Glaze

INGREDIENSER:
1 kopp ketchup
1/4 kopp honning
2 ss eplecidereddik
2 ss melasse
1 ss dijonsennep
1 ts hvitløkspulver
1/2 ts løkpulver
Salt og pepper etter smak

BRUKSANVISNING:
Kombiner ketchup, honning, eplecidereddik, melasse, dijonsennep, hvitløkspulver, løkpulver, salt og pepper i en kjele.
Visp ingrediensene sammen og la blandingen småkoke på middels varme.
Reduser varmen til lav og la glasuren småkoke i ca 10-15 minutter, rør av og til, til den tykner.
Fjern fra varmen og la den avkjøles. Glasuren er nå klar til bruk.

54. Smoky Maple Glaze

INGREDIENSER:

1 kopp lønnesirup
1/4 kopp ketchup
2 ss eplecidereddik
1 ss dijonsennep
1 ts flytende røyk
1/2 ts hvitløkspulver
1/2 ts røkt paprika
Salt og pepper etter smak

BRUKSANVISNING:

Kombiner lønnesirup, ketchup, eplecidereddik, dijonsennep, flytende røyk, hvitløkspulver, røkt paprika, salt og pepper i en kjele.

Visp ingrediensene sammen og la blandingen småkoke på middels varme.

Reduser varmen til lav og la glasuren småkoke i ca 10-15 minutter, rør av og til, til den tykner.

Fjern fra varmen og la den avkjøles. Glasuren er nå klar til bruk.

55.Brunt sukker og sennepsglasur

INGREDIENSER:
1/2 kopp brunt sukker
1/4 kopp dijonsennep
2 ss eplecidereddik
1 ss soyasaus
1 ts hvitløkspulver
1/2 ts røkt paprika
Salt og pepper etter smak

BRUKSANVISNING:
I en bolle, visp sammen brunt sukker, dijonsennep, eplecidereddik, soyasaus, hvitløkspulver, røkt paprika, salt og pepper til det er godt kombinert.
Pensle glasuren på kjøttet de siste 10 minuttene av grillingen, la det karamellisere litt.

56. Asiatisk sesamglasur

INGREDIENSER:

1/4 kopp soyasaus
2 ss honning
2 ss riseddik
1 ss sesamolje
1 ts hvitløkspulver
1/2 ts ingefærpulver
1/2 ts knuste røde pepperflak (valgfritt)
Salt og pepper etter smak

BRUKSANVISNING:

I en bolle, visp sammen soyasaus, honning, riseddik, sesamolje, hvitløkspulver, ingefærpulver, knuste røde pepperflak, salt og pepper til det er godt kombinert.

Pensle glasuren på kjøttet de siste 10 minuttene av grillingen, la det karamellisere litt.

57. Bringebær Chipotle glasur

INGREDIENSER:
1 kopp bringebærsyltetøy uten frø
2 ss chipotle i adobo saus (finhakket)
2 ss eplecidereddik
1 ss soyasaus
1 ts hvitløkspulver
1/2 ts røkt paprika
Salt og pepper etter smak

BRUKSANVISNING:
Kombiner bringebærsyltetøy, chipotle i adobosaus, eplecidereddik, soyasaus, hvitløkspulver, røkt paprika, salt og pepper i en kjele.

Visp ingrediensene sammen og la blandingen småkoke på middels varme.

Reduser varmen til lav og la glasuren småkoke i ca 10-15 minutter, rør av og til, til den tykner.

Fjern fra varmen og la den avkjøles. Glasuren er nå klar til bruk.

BBQ BRINES

8. Achiote-lake og barbecuesaus

INGREDIENSER:

- 1 kopp rødvinseddik
- ¼ kopp vann
- 2 ts malt spisskummen
- 3 fedd hvitløk, finhakket
- 2 ts Achiote-pasta
- 1 ts knust rød pepper
- Salt og sort pepper, etter smak
- ¼ kopp olivenolje
- 1 Tørket pasilla chili
- 1 kopp kokende vann
- 2 ss Achiote-pasta
- 1 ss olivenolje
- ¾ kopp saltlake

BRUKSANVISNING:

Saltlake: Bland saltlake ingrediens:s
Bruk: Pensle på spyd av kjøtt Grill eller grill til kjøttet er ferdig, ca 5 minutter, tøs med saltlake flere ganger. Pensle igjen før porsjon .

9. Teriyaki saltlake og saus

INGREDIENSER:

- 1 kopp soyasaus
- 1 kopp vann
- 2 ss eddik
- 2 ss brunt sukker
- 1 ts tørr sennep
- ½ ts pulverisert ingefær
- ½ ts hvitløkspulver
- 1 ts varm peppersaus
- 2 ss maisstivelse

BRUKSANVISNING:

Visp sammen alle ingrediensene

Ananas-soyalake til spareribs

INGREDIENSER:
- 1 fedd hvitløk
- 1 kopp soyasaus
- ½ kopp ananasjuice
- ¼ kopp sherry
- 1½ ss brunt sukker

BRUKSANVISNING:
a) Finhakk hvitløk, bland deretter med de resterende ingrediensene.
b) Legg til spareribs og mariner.

1.Rødbønneostlake

INGREDIENSER:

- 2 ss kinesisk rødbønneost
- ½ fedd hvitløk
- 2 ss soyasaus
- 1 ts salt
- ½ ts sukker
- ½ ts Fem krydder

BRUKSANVISNING:

a) Mos rødbønneost og knus hvitløk; bland deretter med de resterende ingrediensene.

b) Gni blandingen over spareribs, la hvile i 1 time og stek deretter.

2. Brisket saltlake

INGREDIENSER:
- 2 ss Rib Eye Express Brisket Rub
- 12 gram øl
- 1 hver moderat løk, revet
- ½ kopp cidereddik
- ¼ kopp olje, mais
- 2 hver Chipotle's Chili
- 2 ss Adobo saus
- 2 ss flytende røyk

BRUKSANVISNING:
Bland alle ingrediensene, bland i mikser og hell over brystet over natten.

3.Rykk saltlake

INGREDIENSER:
- 1 kopp løkløk (finhakket)
- ½ stor hvit eller gul løk (i grove terninger)
- 2 ss friske timianblader
- 3 habanero chili
- 2 ts jamaicansk allehånde
- 3 ss soyasaus
- 1 ss eddik
- 1 ss matolje
- 1 ts malt svart pepper
- 2 ts salt
- 2 ts sukker
- ½ ts kanel
- ½ ts Muskatnøtt

BRUKSANVISNING:

a) Ha alle ingrediensene unntatt løkløken og timian i en mikser (eller foodprosessor) og puré.

b) Tilsett deretter de resterende ingrediensene og kjør mikseren til ingrediensene er godt blandet, men ikke purert.

4. Alaskan sjømatlake

INGREDIENSER:

- 8 ss Usaltet smør eller margarin
- 1 kopp brunt sukker; (pakket)
- ⅓ kopp honning
- ⅓ spiseskje fersk sitronsaft
- 1 ts Flytende røyksmak
- ¼ ts tørket rosmarin
- 1 ts TABASCO-peppersaus

BRUKSANVISNING:

I en moderat gryte, over moderat varme, bland alle ingrediensene.

Kok, rør til jevn, 5 til 7 minutter

Avkjøl til romtemperatur Mariner sjømat 30 minutter før grilling.

5.Ancho chile og appelsinlake

INGREDIENSER:

- ¼ teskje Hele spisskummen frø
- ¼ teskje Hele korianderfrø
- ½ moderat løk; tykt segmentert
- 8 fedd (store) hvitløk; skrellet
- 8 tørkede ancho chili
- 1 klype kanel (generøs)
- ¼ ts nykvernet sort pepper
- 1 stor appelsin; strimlet skall av
- ½ ts tørket oregano
- Varmt vann
- 1 stor appelsin; juice av
- ½ lime; saft av
- Salt to nøkler

BRUKSANVISNING:

i en tykk takke på moderat varme i ca. 5 minutter, eller til den er aromatisk. Mal til et pulver i en kaffemølle
Tilsett løk, hvitløk og chili i pannen, stek chiliene i 3 til 5 minutter til de er aromatiske. Ta ut umiddelbart. Ta løksegmenter til gyldne og hvitløk til litt mykne, ca 10 minutter.
Stilk og frø chili, dekk deretter med lokk med varmt vann og la trekke i 30 minutter. Rist i mellomtiden kanel, pepper og appelsinskall i 10 sekunder over moderat varme.
Bland alle ingrediensene i en mikser (skrell hvitløk først), inkludert chili og noen spiseskjeer av væsken.
Puré, smak til og avkjøl til nødvendig
Mariner større kjøtt- eller fjærfebiter fra flere timer til over natten.

Fisk trenger bare en time eller så mens grønnsakene er klare til å tilberedes i løpet av en time. La alltid marinere matvarer i kjøleskap.

66.Bourbon saltlake

INGREDIENSER:
- 1 gulrot, segmentert
- 1 løk, segmentert
- 1 fedd hvitløk, finhakket
- 4 kvister persille
- 1 ss sorte pepperkorn, sprukket
- 1 laurbærblad
- 2 kopper hvitvin (tørr)
- ½ kopp eddik
- 4 kopper vann
- ¼ kopp vill kalkun bourbon

BRUKSANVISNING:
Bland alle ingrediensene i et stort glass eller lertøy til det er godt blandet. Tilsett kjøttet i saltlake. Sett i kjøleskap i 8 timer eller over natten, roter 4 ganger.

67. Tranebærlake til svinekjøtt

INGREDIENSER:
- 6 gram Ferske eller frosne tranebær
- ½ kopp vann
- 1½ ts revet appelsinskall
- 3 ss rødvinseddik
- 2 ss Finhakket sjalottløk
- ½ kopp pakket gyldent brunt sukker
- 2 ts salt
- ½ ts Sprukne sorte pepperkorn
- ¼ kopp vegetabilsk olje
- 2 10-unse indrefileter av svin
- Salt og nykvernet
- Pepper

BRUKSANVISNING:
Bland tyttebær, vann og appelsinskall i en tykk, moderat kjele.
Kok opp. Reduser varmen og la det småkoke til tranebærene sprekker, rør av og til, ca. 10 minutter. Sil ut tranebær og skrell og flytt til prosessoren. Rens opp til en jevn masse. Tilsett eddik, sjalottløk, sukker, salt og pepperkorn og bland godt .Visp gradvis inn vegetabilsk olje. Avkjøl helt.

68. Krabbeklo saltlake

INGREDIENSER:
- 1 kopp olivenolje
- ½ kopp eddik
- ¼ kopp sitronsaft
- 1 ts estragon
- 1 kopp persille
- 1 kopp selleri
- ¾ teskje svart pepper
- ¾ teskje salt
- ¾ teskje sukker
- 1 kopp løkløk
- 4 hver fedd hvitløk (4-10)

BRUKSANVISNING:
Bland alt sammen, hell over klørne og server.

69. Fajita saltlake

INGREDIENSER:

- 4 kopper Lett soyasaus
- 1 kopp pakket brunt sukker
- 1 ts hver: hvitløk og løkpulver
- 8 ss (1/2 kopp) fersk sitronsaft
- 4 ts malt ingefær
- 1 skjørtbiff
- Varm mel tortillas
- Klar d pico de gallo eller picante saus

BRUKSANVISNING:

Bland soyasaus, brunt sukker, hvitløk- og løkpulver, sitronsaft og ingefær i en krukke, rist for å blande godt og løse opp sukker. La saltlake hvile i en forseglet krukke over natten.

70. Koreansk sesamlake

INGREDIENSER:

- ¼ kopp ristede sesamfrø
- 3 hvitløksfedd finhakket
- 1 ss ingefær, finhakket
- 3 løk, finhakket
- ⅓ kopp soyasaus
- 3 ss sukker eller honning
- 1½ ss sesamolje
- 1 ts Varme røde pepperflak
- ½ ts sort pepper

BRUKSANVISNING:

Rist sesamfrøene lett på en tørr takke på moderat varme. Bland sesamfrøene og de resterende ingrediensene i en grunne form.

71.Sitronrosmarinlake

INGREDIENSER:
- ½ kopp sitronsaft
- ½ kopp tørr hvitvin
- ½ kopp olivenolje
- 2 ss Frisk rosmarin i terninger eller 1 ts smuldret tørket
- 2 ss Frisk persille i terninger
- 1 ts revet sitronskall
- ½ ts salt
- ¼ ts nykvernet pepper
- 1 laurbærblad, brutt i tredjedeler

BRUKSANVISNING:
Bland alle ingrediensene, bland godt.

72.Margarita saltlake

INGREDIENSER:
- 10 gram Can Chi Chi tomater i terninger
- Og grønn chili, drenert
- $\frac{1}{4}$ kopp appelsinjuice
- $\frac{1}{4}$ kopp Tequila
- $\frac{1}{4}$ kopp vegetabilsk olje
- 2 pund Indrefilet av svin, eller
- Kyllingbryst, eller
- 2 ss fersk limejuice
- 1 ss honning
- 1 ts Finhakket fersk hvitløk
- 1 ts revet limeskall

BRUKSANVISNING:
Bland alle ingrediensene i en stor gjenlukkbar plastmatpose.

BBQ SALSA

3.Grillet ferskensalsa

INGREDIENSER:
- 4 Fersken; kuttet i brøk , grop Ta ut (skinn igjen på)
- 2 ss olivenolje, delt
- 3 ss rødløk, finhakket
- 1 liten Jalapeno; frø Ta ut og finkuttet
- 2 ss balsamicoeddik
- ¼ kopp Cilantro; grovt kuttet
- 2 ss mynte chiffonade
- Salt og nykvernet pepper

BRUKSANVISNING:
Varm opp Blackstone-grillen. Pensle siden av fersken med 1 ss olivenolje. Legg snittsiden ned på grillen og grill fersken opp til de karamelliserer, men fortsatt holder formen, 3-4 minutter.

Ta ut fersken og skjær i ½ tommers terninger Legg fersken i en moderat form og bland med resten av ingrediensene og de resterende 1 ss olivenolje - smak til m/salt og pepper.

La stå i romtemperatur i 30 minutter før servering

4.Fersken og løk salsa

INGREDIENSER:

- 1 moderat løk
- 2¼ ts salt
- 4 moderate s Peach
- 1 ss balsamicoeddik
- 1 jalapeno chile
- ½ kopp basilikumblader

BRUKSANVISNING:

Bland løk med 2 ts salt i en ikke-reaktiv skål. La hvile i minst 1 time, men ikke mer enn 1½ time. Løk vil visne litt, kaste av litt juice og bli mye mindre skarp. Hell saften fra løken, skyll med kaldt vann og tømme igjen.

Skrell fersken og hakk moderat -fint med kniv

Bland fersken i en ikke-reaktiv form med løk, eddik, jalapeno og resterende salt.

Finhakk basilikum og rør inn. Server med en gang.

5. Grillet chilesalsa

INGREDIENSER:

- 3 store tomater, i terninger
- 1 løk, skrelt og i terninger
- ⅓ kopp fersk koriander, i terninger
- 3 ss fersk limejuice
- 2 Poblano paprika, grillet og i terninger
- 1 ts finhakket hvitløk

BRUKSANVISNING:

Grilling av Poblano-pepper gir den en fin røyksmak.
Bland alle ingrediensene i en form og smak til med salt og pepper.
Sett i kjøleskap i 1 time for å blande smaker. Server sammen med din favoritt Tex-Mex-rett.

6. Ancho chile salsa

INGREDIENSER:
- 4 moderate Ancho-chiles, tørket av, stilket og frøsatt
- 2 kopper ferskpresset appelsinjuice
- 4 ss ferskpresset grapefruktjuice
- 2 ss ferskpresset limejuice
- 4 ts salt
- 1 ts ferskkvernet sort pepper
- 4 ss olivenolje

BRUKSANVISNING:
Rist chiliene direkte over en moderat gassflamme eller i en støpejernssteke til de er myke og brune, og roter ofte for å unngå sviding.

Segmenter chiliene i 1-tommers strimler, deretter til en veldig fin julienne.

Bland alle ingrediensene i en tallerken, bland godt og la stå i minst 30 minutter eller så lenge som 2 timer før porsjon.

7. Aprikos-stekt peppersalsa

INGREDIENSER:
- 1 pund ferske aprikoser
- 2 ferske jalapenos
- 1 rød paprika
- 1 Agurk, skrelt og frø Ta ut
- ½ rødløk
- ½ haug koriander
- 1 lime, saft av
- 3 ss ekstra virgin olivenolje
- 1 klype salt
- 1 klype sukker
- 1 klype sort pepper

BRUKSANVISNING:
a) Skjær aprikoser, jalapenos, rød pepper, agurk og løk i terninger.

b) Legg i form. Hakk koriander og bland forsiktig. Tilsett limejuice, olje, salt, sukker og pepper

8. Arbol avokado salsa

INGREDIENSER:

- ½ pund italienske Roma-tomater
- ¾ pund tomatillos, i terninger
- ⅓ kopp (12 til 15) Arbol chili
- ½ haug koriander
- 1 moderat hvit løk, i terninger
- 2 ss malt spisskummen
- 4 fedd hvitløk, knust
- 2 kopper vann
- 1 ts salt
- ½ ts nykvernet sort pepper
- 1 avokado

BRUKSANVISNING:

a) Varm opp Blackstone-grilleren. Plasser tomatene og tomatilloene på et bakepapir. Grill, roter av og til, opp til de er gjennomstekt, 10 til 12 minutter

b) Flytt til en kasserolle sammen med de resterende ingrediensene.

c) Kok opp blandingen og kok til løken er myk, 12 til 15 minutter. Flytt til en kjøkkenmaskin eller mikser. Puré og sil deretter

d) Server ved romtemperatur eller litt avkjølt. Arbol salsa kan oppbevares i kjøleskapet i 3 til 5 dager eller fryses i uker.

e) Rett før porsjon, rør inn avokadoen

79.Koriander salsa

INGREDIENSER:
- 2 ss grønn chili, i terninger
- 1 hvitløksfedd(er), finhakket
- ¾ kopp hvitløk(er), finhakket
- 1 dæsj Salsa habanero
- ½ c opp Cilantro, i terninger
- Lett pakket
- 3 ss rapsolje
- 1 ss limejuice
- 1 ss Mock rømme

BRUKSANVISNING:
Bland alle ingrediensene i en mikser og puré. Sett til avkjøling eller oppbevar i kjøleskapet i opptil 2 uker.

10. Clear creek picante salsa

INGREDIENSER:
- 1 ss olivenolje
- 1 hver liten løk, finhakket
- 5 hver fedd hvitløk, finhakket
- 3 tomater hver, skrelte
- 1 hver fersk ancho chilipepper
- 1 hver gul paprika
- 4 unser kan terninger grønn chili
- 1 ts salt
- ¼ teskje malt spisskummen
- 1 ss hvitløkspulver
- 3 ss balsamicoeddik
- 3 ss limejuice
- 1 ss tørket koriander
- 1 ss olivenolje
- 1 ea liten løk, finhakket
- 5 e fedd hvitløk, finhakket
- 3 ea tomater, skrelte, frøsett, grove i terninger
- 1 e fersk ancho chilipepper, frøsådd og hakket
- 1 e gul paprika, frøsådd og finhakket
- 4 oz boks grønn chili i terninger
- 1 teskje salt
- ¼ ts malt spisskummen
- 1 ss hvitløkspulver
- 3 ss balsamicoeddik
- 3 ss limejuice
- 1 ss tørket koriander

BRUKSANVISNING:

a) Fres løk og hvitløk i olivenolje på moderat varme til de er møre

b) Tilsett de resterende ingrediensene bortsett fra korianderrør, og sjekk deretter for salt. Tilsett mer hvis ønskelig. Reduser varmen til lav, dekk til med lokk og la det småkoke i 30 minutter.

c) Ta ut Dekk med lokk og la det småkoke i ytterligere 30 minutter eller opp til den tykner.

d) Ta ut av varmen og tilsett koriander og rør. Avkjøl salsaen over natten før bruk. Server som en dip for chips eller som en krydret topping på din meksikanske eller tex-mex-favorittmat

81. italiensk salsa

INGREDIENSER:

- Mandler
- 1 stor rød paprika
- 12 store basilikumblader
- 1 stort hvitløksfedd
- 1 Jalapeno chili, halvert og frøsådd
- 4 Oljefylte soltørkede tomater
- $\frac{1}{4}$ stor rødløk
- $\frac{1}{4}$ c opp olivenolje
- 1 ss balsamicoeddik*ELLER
- 2 ss rødvinseddik og klype sukker
- 1 ss rødvinseddik
- $\frac{1}{2}$ ts salt
- 2 store tomater
- 10 Kalamata oliven
- Friske basilikumblader

BRUKSANVISNING:

Varm opp Blackstone-grilleren. Skjær paprika på langs i 4 stykker, kast kjernen og frøene. Plasser i ett lag på foliekledd stekeplate, med skinnsiden opp. Grill 6 tommer fra varmekilden til skinnet er svart. Ta ut fra grillen og pakk godt inn i folie La hvile i minst 10 minutter Ta ut skinnet, kutt pepper i $\frac{1}{2}$-tommers terninger.

Stålkniv: Plasser 12 basilikumblader i en tørr arbeidsform. Med maskinen i gang, slipp hvitløk og chili gjennom materøret og bearbeid opp til finhakket. Tilsett soltørkede tomater og løk og grovhakk med flere av/på svinger. Tilsett olivenolje, begge deler eddik og salt og bearbeid til det er blandet, ca. 5 sekunder. Flytt innholdet i arbeidsfatet til en stor mikseform. Tilsett paprika, tomater og oliven og bland forsiktig.

2. Jalapeno salsa

INGREDIENSER:

- 3 tomater
- 1 grønn paprika
- 3 ss Jalapeno Pepper
- ¼ c opp løk
- ¼ Sitron

BRUKSANVISNING:

Bland ingrediensene i terninger i en tallerken Tilsett sitronsaft og fruktkjøtt og bland godt.

Avkjøl før servering.

Server med sprø tortillachips, på selleribiter eller andre rå grønnsaker, som saus i taco eller når det er ønskelig med en krydret salsa.

BBQ CHUTNEY

83. Fruktgrill chutney

INGREDIENSER:

- 16 små sjalottløk
- 1¼ kopp tørr hvitvin
- 4 moderate s Aprikoser
- 2 store fersken
- 2 hele plommetomater
- 12 hele svisker
- 2 moderate hvitløksfedd
- 2 ss soyasaus med lite natrium
- ½ kopp mørkt brunt sukker
- ¼ ts rød pepperflak

BRUKSANVISNING:

Bland sjalottløk og vin i en liten kjele; kok opp over høy varme.

Reduser varmen til moderat lav og la småkoke, og dekk til med lokk , opp til sjalottløken er mør, 15 til 20 minutter

Bland de resterende ingrediensene i en stor kjele, tilsett sjalottløk og vin, og kok opp over høy varme. Reduser varmen til moderat , kok opp til frukten har brutt ned, men fortsatt er litt tykk, 10 til 15 minutter. La avkjøles.

Bevege seg brøkdel av sausen til en foodprosessor og puré

Bruk dette som saltlake

84. Søt og sur papayachutney

INGREDIENSER:
- 1 papaya (fersk, moden eller i glass)
- 1 liten rødløk; Segmentert veldig tynn
- 1 moderat tomat-(to 2); frøet, i små terninger
- ½ kopp Segmentert løkløk
- 1 liten ananas; kuttet i biter
- 1 ss honning
- Salt; to nøkler
- Nykvernet sort pepper; to smaker
- ½ fersk jalapeno; finkuttet

BRUKSANVISNING:
Bland i en mikser

85. Varm chutney

INGREDIENSER:
- 1 stor løk
- 2 fedd hvitløk
- 1 3-4" bit ingefær
- 1 sitron
- Noen bittesmå veldig varme chilipepper
- 1 ts salt
- 2 ts Cayenne mer eller mindre, etter smak
- ½ til 1 ts sort pepper

BRUKSANVISNING:
Skjær løken i fyrstikker, finhakk hvitløken eller skjær også i bittesmå fyrstikker.
Skrell ingefæren og skjær den i tynne fyrstikker
Tilsett sitronsaft, salt og pepper.
Tilsett nå varme: cayennepulver etter smak og finhakket chili Bland godt og avkjøl.

86. Eple- og sviskechutney

INGREDIENSER:

- 700 gr. (1 pund, 8 oz.) epler, skrellet, kjernet ut og i terninger
- 1250 gr. (2 pund, 11 oz.) svisker
- 450 gr. (1 pund) løk, skrellet og kuttet
- 2 kopper Sultanas
- 2 kopper eplecidereddik
- 2⅔ kopp mykt brunt sukker
- 1 ss salt
- 1 ts Malt, allehånde
- 1 ts malt ingefær
- ¼ ts malt muskatnøtt
- ¼ teskje malt kajennepepper
- ¼ teskje malt nellik
- 2 ts sennepsfrø
- Steriliserte glasskrukker

BRUKSANVISNING:

Kok opp alle ingrediensene i en ganske stor panne Reduser varmen La det småkoke i ca 2 timer.
Når blandingen er tykk nok, hell chutneyen i steriliserte glass og lukk dem umiddelbart.

87. Carambola chutney

INGREDIENSER:

- 2 kopper Carambola (stjernefrukt) i terninger (3/4 lb)
- ¼ kopp sukker
- ½ kopp tørr rødvin
- 1 ss ingefær, skrelt i fint terninger
- ¼ teskje malt nellik
- 2 ss hvitvinseddik

BRUKSANVISNING:

Bland alle ingrediensene i en moderat kjele og rør godt. Kok opp på middels høy varme og kok i 25 minutter eller opp til den er litt tykkere.

88. Fetter Ledas bananchutney

INGREDIENSER:
- 6 bananer
- 1 kopp finhakket løk
- 1 kopp rosiner
- 1 kopp hakkede syrlige epler
- 1 kopp eplecidereddik
- 2 kopper sukker
- 1 ss salt
- 1 ts malt ingefær
- 1 ts Muskatnøtt
- ¼ kopp Cayenne Pepper
- ⅓ kopp sitronsaft
- 3 fedd hakket hvitløk

BRUKSANVISNING:
Skrell og mos bananer. Bland alle ingrediensene i en stor ildfast form. Stek på en 350° grill i ca. 2 timer, rør av og til.
Når den er tyknet, hell den i steriliserte krukker og forsegl.

89. Tranebær-fiken chutney

INGREDIENSER:

- 24 gram tranebær
- 3 kopper sukker
- 2 moderate appelsiner; skrellet i terninger og frø
- $\frac{1}{2}$ kopp finhakket løk
- $\frac{1}{4}$ kopp rosiner
- $\frac{1}{4}$ kopp ristede pistasjnøtter med skall
- 8 Tørkede fiken
- 3 ss Finhakket skrellet ingefær
- 1 ts salt
- 1 ts kanel
- 1 ts kajennepepper
- 1 ts tørr sennep

BRUKSANVISNING:

Kok alle ingrediensene i en tung, stor nonaluminium-kasserolle over moderat til lav varme, rør opp til sukkeret er oppløst. Øk varmen og kok opp til tranebærene popper, ca. 3 minutter. Hell chutney i en ren varm krukke to$\frac{1}{4}$ tommer fra toppen

Tørk av kanten umiddelbart med et håndkle dyppet i varmt vann. Sett lokket på glasset og forsegl tett. repliker med gjenværende chutney.Arranger glassene i en stor gryte. Dekk med lokk med kokende vann med minst 1 tomme. Dekk med lokk og kok i 15 minutter.

Ta ut glassene fra vannbadet Avkjøl til romtemperatur Trykk på midten av hvert lokk Hvis lokket holder seg nede, er glasset forseglet.

90.Dadler og appelsinchutney

INGREDIENSER:
- 1 pund ubehandlede appelsiner
- 3½ kopper sukker
- 7 ss gylden sirup
- 2 ss Grovt salt
- ¼ teskje tørket chili, knust
- 6¾ kopper malteddik
- 1 pund løk; terninger
- 1 pund dadler; steinet og i terninger
- 1 pund rosiner

BRUKSANVISNING:
Riv appelsinskallet og sett til side. Ta ut marven fra appelsinene og kast frøene. Finhakk appelsinkjøttet. Bland sukker, sirup, salt, chili og eddik i en stor kjele i rustfritt stål.

Kok opp over høy varme under omrøring for å løse opp sukkeret. Tilsett appelsiner, løk, dadler, rosiner og del revet skall. Reduser varmen og la det småkoke til det er tykt, ca. 1 time. Rør inn resten av appelsinskallet.

91. Frisk ananas chutney

INGREDIENSER:
- 1 Lg (6-7 lb) fersk ananas
- 1 ss salt
- ½ Lg fedd hvitløk, most
- 1¾ kopper frøfrie rosiner
- 1¼ kopper lys brunt sukker
- 1 kopp cider eddik
- 2 2 tommers kanelstenger
- ¼ teskje malt nellik

BRUKSANVISNING:
Skrell, del og finhakk ananasen. sprut med salt og la hvile 1½ time. Tøm.

Legg hvitløken og rosinen gjennom en mathakker med det moderate bladet. Legg til ananas.

Bland sukker, eddik og krydder i en kjele og kok opp. Tilsett fruktblandingen og kok over moderat varme til den er tykkere, ca. 45 minutter. Hell i varme, steriliserte fraksjonerte ping-glass og forsegl med en gang.

92. Habanero eplechutney

INGREDIENSER:
- 2 pund Kokeepler; skrelles og kuttes i små terninger
- $\frac{1}{4}$ halvliter vegetabilsk olje (ikke olivenolje)
- 2 ss Finhakket fersk ingefær
- 1 hel hvitløkhode, skrelt og finhakket
- 2 ss Hvite sennepsfrø
- 1 ts Bukkehornkløverfrø; bløtlagt i varmt vann, drenert
- $\frac{1}{2}$ ts Hele sorte pepperkorn
- 2 ts malt spisskummen
- 2 ts chilipulver
- 1 ts gurkemeie
- 4 gram sukker
- 8 væske unser cidereddik
- 1 ss salt

BRUKSANVISNING:
Varm oljen i pannen og stek hvitløken og ingefæren forsiktig til den begynner å få farge, tilsett deretter resten av krydderne og stek i ytterligere tre minutter. Tilsett eddik, epler, urter, sukker og salt, og la det småkoke i ca. brøkdel en time opp til du har en tykk, fruktig blanding. Ideen er at eplene skal gå helt i oppløsning.

Legg i varme steriliserte krukker, forsegl med en gang med eddiksikre lokk og prøv å glemme det i ca. 2 måneder. Så nyt! Det holder seg godt uten kjøling.

93. Lime chutney

INGREDIENSER:

- 12 lime
- 2 belger hvitløk
- 4 tommers biter av ingefær
- 8 grønne chilier
- 1 ss chilipulver
- 12 ss sukker
- 1 kopp eddik

BRUKSANVISNING:

Rens limefruktene og kutt i små biter, fjern frøene. Behold eventuell limejuice som samler seg mens du hakker. Del hvitløk, ingefær og chili fint. Bland sammen alle ingrediensene bortsett fra eddik. Kok på lav varme til blandingen er tykk Tilsett eddik og la det småkoke i 5 minutter Avkjøl og flaske Spis etter 3-4 uker.

94. Lime-eple chutney

INGREDIENSER:
- ¼ kopp fersk limejuice
- 1 ss salt
- 1 liten løk; veldig fin
- 1½ pund terte grønne epler
- ¼ ts rød chilipepper flak
- 1½ ts honning
- ¼ kopp strimlet usøtet kokosnøtt

BRUKSANVISNING:
Bland limejuice og salt i en ikke-reaktiv skål og rør til saltet er oppløst.

Tilsett løk, epler, pepperflak, honning og kokos. Rør for å blande, dekk deretter med lokk og la hvile i minst 10 minutter før servering .

95.Nektarin chutney

INGREDIENSER:
- 1 kopp lys brunt sukker (pakket)
- ½ kopp cidereddik
- 4 nektariner, skrellet og i terninger (opptil 5)
- 1 kopp rosiner
- 1 hel sitron, skall av
- 1 Hel sitron, skrelt, frøsett og i terninger
- 2 ss fersk ingefær, finhakket
- 1 stort fedd hvitløk, finhakket
- ½ ts karripulver
- ¼ teskje Cayenne

BRUKSANVISNING:
I en moderat , ikke-reaktiv kjele, kok eddik og brunt sukker over moderat varme, rør for å løse opp sukker. Kok opp. Tilsett de resterende ingrediensene.
Kok i 3 til 5 minutter. Ta ut av varmen og avkjøl Oppbevares i kjøleskap i 2 uker eller boks Server med fjærfe, svin eller skinke.

96. Løkchutney

INGREDIENSER:

- 6 kopper søt løk i terninger
- ½ kopp fersk sitronsaft
- 2 ts Hele spisskummen frø
- 1 ts Helt sennepsfrø
- ½ ts Tabasco saus
- ¼ ts rød pepperflak
- 2 ts malt chilipepper
- ¼ kopp lys brunt sukker
- 1 hver Salt etter smak

BRUKSANVISNING:

Bland alle ingrediensene i en tykk kasserolle over moderat varme. Kok opp, rør ofte. Når blandingen koker, ta umiddelbart ut av varmen og pakk i varme steriliserte krukker. Vakuumforsegling

97. Rask ferskenchutney

INGREDIENSER:
- 2 bokser Segmentert fersken i juice; (16 oz) reservejuice
- ¼ kopp Pluss 1 ss hvitvinseddik
- ¼ kopp sukker
- ½ kopp løk; finhakket
- 1 liten Jalapeno, stilket, med frø, finkuttet
- ½ ts malt spisskummen
- ¼ teskje Gurkemeie
- ¼ teskje malt kanel
- ⅓ kopp gylne rosiner

BRUKSANVISNING:
a) Bland eddik, sukker, løk og jalapeno i en middels stor kasserolle uten aluminium. Rør over middels lav varme i 3 minutter.
b) Bearbeid den avrente fersken til en grov puré i en foodprosessor. Legg i kasserollen med ¼ kopp reservert ferskenjuice, spisskummen, gurkemeie, kanel og rosiner.
c) Kok opp, reduser varmen og la det småkoke i 20 minutter, rør ofte.
d) Flytt chutneyen til en tallerken. Server varm eller i romtemperatur.

98. Rabarbra Chutney

INGREDIENSER:

- 1 pund rabarbra
- 2 ts Grovrevet fersk ingefær
- 2 fedd hvitløk
- 1 Jalapeno chile, (eller flere) frø og årer Ta ut
- 1 ts paprika
- 1 ss sorte sennepsfrø
- $\frac{1}{4}$ kopp rips
- 1 kopp lys brunt sukker
- $1\frac{1}{2}$ kopper lett eddik

BRUKSANVISNING:

VASK RABARBEREN OG SEGMENTERE i biter$\frac{1}{4}$-tommers tykke. Hvis stilkene er brede, kutt dem i to eller tredjedeler på langs, først. Finhakk revet ingefær med hvitløk og chili. Legg alle ingrediensene i en ikke-etsende panne, ta med til å koke, senk deretter varmen og la det småkoke til rabarbraen er brutt ned og er konsistensen av et syltetøy, ca 30 minutter Oppbevares avkjølt i en glasskrukke.

99.Røkt eplechutney

INGREDIENSER:
- 4 pund Granny Smith-eple, skrelt og segmentert
- 1 stor rød eller grønn paprika, frøet og i terninger
- 2 store gule løk i terninger
- 1 stor fedd hvitløk, finhakket
- 1 2" stykke fersk ingefær, tynt segmentert
- 2 ss gult sennepsfrø
- $\frac{1}{2}$ kopp cidereddik
- $\frac{1}{4}$ kopp vann
- 1 kopp brunt sukker, pakket
- $\frac{3}{4}$ kopp rosiner eller strømmer

BRUKSANVISNING:
Bland alle ingrediensene i kjelen.
Rør for å blande. Plasser på øverste rille av røyker. Dekk til med lokk røyker og røyk 4 til 5 timer, rør chutney av og til. Tilsett mer vann om nødvendig. Eventuelle rester kan oppbevares i Dekk med lokk ed glass i kjøleskap i flere uker.

100. Zucchini chutney

INGREDIENSER:

- 3 moderate s Zucchini
- 1 løk
- ½ ts Hing
- ½ ts Tamcon
- 2 grønne chili

BRUKSANVISNING:
Stek kuttet zucchini, løk og grønn chili. Tilsett gurkemeie, salt, kok på lav varme i 5 til 10 minutter. Kok tamcon, tilsett blandingen ovenfor.
Pulveriser det hele i mikser.

KONKLUSJON

Vi har nådd slutten av "MESTRE BBQ-SAUSER: A Flavorful Guide to Homemade Condiments." Vi håper denne kokeboken har inspirert deg til å utforske den utrolige verdenen av BBQ-sauser og eksperimentere med smaker som vil begeistre ganen din. Fra klassiske favoritter til innovative kreasjoner, vi har levert et mangfold av oppskrifter for enhver smak.

Husk at skjønnheten med hjemmelagde BBQ-sauser ligger i deres allsidighet. Juster gjerne ingrediensene og juster kryddernivåene for å matche dine preferanser. Eksperimenter med forskjellige kombinasjoner av smaker, og la kreativiteten din skinne mens du lager dine egne unike sauser.

Enten du slenger det på grillet kjøtt, bruker det som en marinade eller legger det til favorittoppskriftene dine, vil disse sausene tilføre den ekstra smaken som vil gjøre rettene dine virkelig minneverdige.

Takk for at du ble med oss på denne smakfulle reisen. Vi håper at "MESTRE BBQ-SAUSER" har gitt deg mulighet til å lage sensasjonelle krydder som vil forbedre dine kulinariske eventyr og bringe glede til hvert måltid. Gå nå, fyr opp grillen og nyt deiligheten til de hjemmelagde BBQ-sausene dine. Glad saus!

www.ingramcontent.com/pod-product-compliance
Lightning Source LLC
Chambersburg PA
CBHW070420120526
44590CB00014B/1473